MADAME LOVELACE

PIÈCE EN TROIS ACTES

PAR

M. LAMBERT THIBOUST

Prix : 1 franc.

PARIS

A LA LIBRAIRIE THÉATRALE, BOULEVARD SAINT-MARTIN, 12

Éditeur de la Société des Gens de Lettres

1856

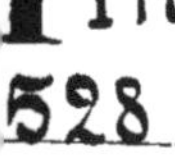

MADAME LOVELACE

PIÈCE EN TROIS ACTES

PAR

M. LAMBERT THIBOUST

Représentée, pour la première fois, à Paris, sur le théâtre du Vaudeville,
le 22 février 1856.

PARIS

LIBRAIRIE THÉATRALE, BOULEVARD SAINT-MARTIN, 12

Éditeur de la Société des Gens de Lettres.

1856

Toutes les indications sont prises de la gauche et de la droite du
spectateur, etc.

MADAME LOVELACE

ACTE I.

A Saint-Sauveur, dans les Pyrénées. — La salle commune de l'auberge de l'Aigle-Noir. — Porte au fond. — Grandes fenêtres latérales au fond laissant voir un site pittoresque. — Portes latérales aux premier et deuxième plans.

SCÈNE PREMIÈRE.

PIERRE et THÉRÈSE, puis le docteur STÉPHEN.

(Thérèse tourne un rouet en chantant, Pierre essuie une carabine.)

THÉRÈSE.

V'là que tombent les feuilles,
N' y a plus de chèvrefeuilles
Pour cacher les oiseaux.   (bis).
Plus d' cris sous les feuillées
.V' là le temps des veillées
Rentrez tous les troupiaux.   (bis).

PIERRE.

Berger rentre les troupiaux,
Les bestiaux,
Les moutons, les agneaux,
V' là l'automne, l'automne
Qui sonne
Rentre les troupiaux,
Oh !

THÉRÈSE, regardant par la fenêtre.

Tiens, tiens!... le v'là qui descend la montagne... ah ! c'est un bel homme tout de même. *

PIERRE.

Et un chasseur qui ne perd pas sa poudre... Il n'y a pas dans le pays un tueur de chamois qui ait un pareil coup d'œil... et de pareilles armes... (Montrant la carabine.) Viens, regarde-moi ça, la Thérèse, ben sûr qu' c'est fabriqué à Paris, va...

(Il pose la carabine ; entre le docteur Stéphen ; il tient un journal.)

* Pierre, Thérèse.

THÉRÈSE.

Le docteur... (Elle range.)

STÉPHEN.

Ces messieurs ne sont pas revenus?...

PIERRE, descendant près de Stéphen.

Pas encore, monsieur Stéphen.

STÉPHEN.

Madame la comtesse est partie à cheval avec ces messieurs?

PIERRE.

Oui, et sur un cheval qui piaffait joliment, allez !... Elle a dit comme ça : « A Mirande, messieurs! » et ils sont tous partis au grand galop. *

STÉPHEN.

Mirande... est-ce loin ?

PIERRE.

Mirande-la-Jolie?... ça fait comme dirait huit bonnes petites lieues de pays !

STÉPHEN.

Diable !... je les connais tes petites lieues de pays !...
(Il s'est assis sur un petit sopha et continue sa lecture. — On entend le galop du cheval.)

THÉRÈSE, elle rentre son rouet.

Pierre, vite donc !... v'là un voyageur !...

SCÈNE II.

LES MÊMES, RAYMOND DE BUSSIÈRES.

RAYMOND, essoufflé, couvert de poussière.

Madame la comtesse de Rione? **

PIERRE.

Elle est sortie, monsieur.

RAYMOND, se laissant tomber sur une chaise avec découragement.

Ah! de l'avoine, de l'eau à mon cheval... je vais repartir...
(Pierre sort par le fond, Thérèse à gauche.)

STÉPHEN, se levant.

Monsieur Raymond de Bussières !...

RAYMOND, allant à lui.

Le docteur Stéphen!

STÉPHEN.

Vous, dans les Pyrénées!... par quel hasard...

RAYMOND.

Ce n'est point le hasard, docteur. Quand la comtesse est ici, pouviez-vous douter que j'y vinsse ?

* Thérèse, Stéphen, Pierre.
** Stéphen, Pierre.

STÉPHEN.

Ah! c'est juste!... Vous aimez donc toujours madame de Rione?...

RAYMOND.

Si je l'aime... le jour où je la vis pour la première fois, il y a un an, je compris que cette femme brillante, entourée, fêtée... je devais l'aimer toujours.

STÉPHEN.

Vraiment!

RAYMOND, se levant.

Immobile, les bras croisés, je la suivais des yeux... Oh! elle me comprit sans doute, car en passant près de moi, après m'avoir adressé ce regard doux et pénétrant que vous savez, elle laissa tomber son éventail à mes pieds, comprenez-vous, docteur?

STÉPHEN.

Parfaitement. Je ne vois rien là que de très-naturel. Ceci se passait, si j'ai bonne mémoire, au bal de la baronne de Marsay... un mardi... Or, comme la comtesse reçoit le mercredi en petit comité, vous vous faisiez présenter par un tiers... vous remettiez l'éventail entre les petites mains de sa propriétaire. Comme vous vous appelez monsieur Raymond de Bussières, et que votre nom a droit d'entrée partout, madame de Rione vous invitait à son thé des mercredis, à ses bals de quinzaine, et peut-être même à suivre sa calèche au bois.

RAYMOND.

Qui vous a dit?...

STÉPHEN.

Personne. Vous me donnez le premier chapitre, je fais le roman, voilà tout! Je comprends, du reste, que l'on adore madame de Rione. Belle, jeune, riche, veuve, c'est un trésor qui a tenté bien du monde; mais malgré son originalité, ses bizarreries, votre belle créole est sage comme Minerve. Le monde est encore à lui donner un amant. Et maintenant, mon cher Raymond, que comptez-vous faire?...

RAYMOND.

Maintenant, docteur, je suis maître de ma fortune... je suis libre, sans famille...

STÉPHEN.

Sans famille! je vous croyais un frère.

RAYMOND.

Mon frère, Réné de Bussières, est dans les Indes. Quand je le connus, j'étais un enfant... Le jour où j'entrai au collège il s'embarquait.

STÉPHEN.

Oui, après avoir mené, m'a-t-on dit, la vie parisienne la plus folle.

RAYMOND.

Auriez-vous connu mon frère?

STÉPHEN, froidement.

Non, mais j'ai connu plusieurs de ses créanciers.

RAYMOND.

Mon père a tout payé, docteur. Depuis, mon frère n'est pas revenu en France... Il a fait fortune ou il a péri. Dieu veuille qu'il se soit repenti, car il a fait bien pleurer notre mère!... (Avec impatience.) Mais la comtesse ne revient pas!...

STÉPHEN.

Elle court à travers champs, suivie de ses adorateurs habituels.

RAYMOND, fronçant le sourcil.

Qui donc?

STÉPHEN, riant.

Jaloux! Mais monsieur Gaston de Brives, monsieur Mauléon, monsieur Paul de Mailly... Oh! la comtesse a une cour; mais je vous le répète, pas un amant.

RAYMOND, lui serrant la main.

Bon docteur!

SCÈNE III.

LES MÊMES, PIERRE, puis GEORGES.

PIERRE, entrant.

Le v'là!... le v'là!...

STÉPHEN.

Qui donc?

PIERRE.

Monsieur Georges, tenez!...

GEORGES, entrant.

Ouf! quelle chaleur!... Allons, Thérèse, ma fille, à la cave! et du vin!...
(Il porte un costume moitié dandy, moitié montagnard, en entrant il a remis sa carabine entre les mains de Pierre.)

THÉRÈSE.

Voilà, voilà! monsieur Georges... Ah! de quel vin?

GEORGES.

Du vin de Grave.
(Elle sort à gauche, Georges après avoir salué le docteur et Raymond qui lui rendent son salut, s'est attablé à droite, il tire un cigare d'un élégant porte-cigare et l'allume.)

Thérèse, Raymond, Stéphen, Georges, Pierre.

RAYMOND, bas au docteur.

Quel est cet homme ? *

STÉPHEN, sur le même ton.

Monsieur Georges Vernon, un original qui passe sa vie dans les montagnes ou sur les glaciers, à chasser les chamois, les oiseaux de proie ; un de ces jours il se cassera le cou bien certainement. La comtesse sera ravie de vous voir en bonne santé, mon cher Raymond. La veille de son départ n'aviez-vous pas une affaire, un duel ?

RAYMOND.

Oui, avec monsieur de Ferny.

STÉPHEN.

Un bretteur très-dangereux avec sa garde italienne. Et vous avez été vainqueur ?...

RAYMOND.

Dans l'intervalle de mon duel, monsieur de Ferny eut une autre affaire avec... un inconnu, et fut tué.

STÉPHEN, lui serrant la main.

Je vous en fais mon compliment bien sincère.

RAYMOND, à Pierre.

De quel côté est partie la comtesse ?

PIERRE.

Du côté de Mirande. **

RAYMOND, prenant vivement son chapeau.

Je vais à sa rencontre.

STÉPHEN.

Y pensez-vous, fatigué comme vous l'êtes ?

RAYMOND.

Qu'importe ! si je puis la voir dix minutes plus tôt... J'ai tant de choses à lui dire !... A tout à l'heure, docteur !...

(Il lui serre la main et sort vivement.)

PIERRE, lui criant en dehors.

Tout droit, monsieur !... puis tournez à gauche au petit bois, et toujours tout droit !...

SCÈNE IV.

Les Mêmes, moins RAYMOND. (Le Docteur s'est asssis et a repris la lecture de son journal.)

THÉRÈSE, apportant du vin.

Voilà, monsieur Georges. (Elle sort.)

GEORGES.

Merci, ma fille !...

* Raymond, Stephen, Georges et Pierre.
** Stéphen, Raymond, Pierre, Georges.

PIERRE.

Comment, monsieur Georges! vous rentrez comme ça le carnier vide.

GEORGES.

Le chamois a bondi à dix pas de moi; j'étais mal placé pour tirer... Mais j'y retourne et je te promets sa peau pour ce soir... (Pierre sort a gauche, au docteur.) La fumée ne vous incommode pas, monsieur?

STÉPHEN.

Nullement! *

GEORGES.

Ce sont, du reste, d'excellents cigares, monsieur; on me les choisit dans un bureau, boulevart Montmartre... une petite brune. (Offrant son porte cigare.) Si monsieur veut accepter?

STÉPHEN, s'inclinant.

Mille grâces... je ne suis pas fumeur... (Un silence.)

GEORGES.

Ça vous amuse, monsieur, de lire les journaux?

STÉPHEN.

Mais... oui, monsieur.

GEORGES.

Vous êtes bien heureux. Moi, l'Europe m'est si indifférente que je ne veux plus avoir de ses nouvelles. (Il boit.) Vous êtes médecin, je crois, monsieur?

STÉPHEN.

Oui, monsieur; et vous?

GEORGES.

Moi, je ne suis rien : je suis un homme qui se promène dans la vie, la canne à la main. Je n'ai jamais pu découvrir si j'étais un imbécile ou un homme d'esprit (il boit.) Vous me croyez un imbécile, monsieur?...

STÉPHEN.

Moi...

GEORGES.

Détrompez-vous, docteur... je suis très-spirituel. Je vous en fais juge : Je méprise tout ce qui est convention. Ainsi, quand un petit bonhomme vient au monde, il est d'usage de lui donner le nom de son papa, puis de le mettre en nourrice, puis au collége, puis de le marier après l'avoir laissé gaspiller sa jeunesse et ses croyances avec une douzaine de drôlesses dont il paie les soupers s'il est riche; s'il est pauvre, il se contente de les manger.

STÉPHEN.

Mais monsieur...

* Stéphen, Georges.

GEORGES.

Moi, j'avais un nom; mais un nom c'est un fardeau, ça oblige, ma foi, j'en ai pris un autre; tous les ans j'en change. En ce moment je m'appelle Georges Vernon.

STEPHEN.

Ah!...

GEORGES.

Il est possible que demain je m'appelle Léonce de Valcreuse ou Lucien d'Aunay. Comme ces noms-là sont ma propriété, j'en fais ce que je veux. Le jour où l'on me traînera devant les tribunaux pour avoir arrêté un chemin de fer sur les grandes routes, mes ancêtres n'auront rien à dire... Je n'ai pas voulu me marier, monsieur. Hé? vous croyez que je n'ai jamais aimé; mais, monsieur, vous avez donc de moi une bien mauvaise opinion?

STEPHEN, riant.

Monsieur, je ne vous connais pas.

GEORGES.

Alors cessez de m'interrompre par des doutes qui m'offensent. J'ai adoré les femmes, j'en ai entretenu cent quarante.... puis un jour je suis devenu véritablement amoureux.

STEPHEN.

Ah! d'une jolie femme?

GEORGES.

Oui, monsieur, d'une très-jolie dame qui s'appelle la nature; je suis devenu amoureux du soleil, des bois, des fleurs, des lacs, des mers et des montagnes. Je suis devenu amoureux de la Suisse, de l'Écosse, de l'Allemagne, de l'Amérique. Mon cœur qui rougissait d'avoir battu pour des robes roses et des chapeaux Paméla, s'est rajeuni devant les levers du soleil du Righi, et rafraîchi au Niagara. Je vis des émotions vraies et grandes, je marche devant moi, à la recherche du beau, comme le Juif-Errant de la fantaisie. Je suis sorti de la vie banale, j'ai brisé les liens absurdes : (se levant) à moi les grandes routes et le bâton de voyage du bohémien. Je couche dans les auberges, et c'est la liberté qui me réveille. Enfin, je vous le répète, je n'ai jamais voulu me marier. Vous voyez, monsieur, que vous auriez grand tort de me prendre pour un imbécile, et que je suis très-spirituel.

(Il finit sa bouteille, il se relève.)

STÉPHEN.

J'en suis très-convaincu, monsieur.

(Il se plonge dans son journal.)

GEORGES, à part.

C'est une chose étonnante qu'il y ait encore des gens qui lisent les journaux.

DIANA, au dehors.

Ah! Mauléon, que vous êtes maladroit!

STÉPHEN, se levant et jetant son journal.

La comtesse !

GEORGES, à lui-même.

Ah! cette grande dame de Paris!... Elle me déplaît!... (Il prend sa carabine, à Pierre.) Pierre Ledru, je t'ai promis la peau du chamois. Une promesse est sacrée! à tout à l'heure. Docteur, j'ai l'honneur de vous saluer.

(Il sort par la gauche.)

SCÈNE V.

STÉPHEN, puis DIANA, DE BRIVES, MAULÉON, DE MAILLY.

(Thérèse entre en scène et enlève le plateau qui est sur la table.)

STÉPHEN, regardant sortir Georges.

Ce monsieur est fou !

DIANA, entrant suivie des jeunes gens, riant aux éclats.

Ah! ah! ah! quels mauvais cavaliers vous faites !... figurez-vous, docteur, que Mauléon se cramponnait à sa selle... Ah! ah! ah! vous montez à cheval comme Sancho Pança.

STÉPHEN.

Vous venez de Mirande?

DIANA.

Non! j'ai changé d'idée!... nous avons fait un steeple-chasse sur la route de Gavarni.

STÉPHEN, à part.

Comme c'est heureux pour monsieur de Bussières qui galoppe sur la route de Mirande.

DIANA.

J'ai eu froid, docteur; en revenant je grelottais. Dans quel mois sommes-nous donc?

MAULÉON.

Septembre.

DIANA.

C'est donc cela!..... Oh! j'ai assez des Pyrénées. Pierre, à quelle heure les voitures?...

DE BRIVES.

Quoi! vous voulez partir?

DIANA.

Aujourd'hui même.

PIERRE.

Madame, la voiture est partie.

DIANA.

Oh! que l'on m'en trouve une; je ne veux pas coucher

ici... je veux être à Pau demain matin... va, mon ami, va vite, et dis à ma femme de chambre de faire mes malles. Va.*

(Pierre sort à droite.)

DE MAILLY.

Vraiment, comtesse, c'est de la tyrannie !

DE BRIVES.

Vous nous enlevez de Paris, il y a un mois à peine.

DIANA.

Comment je vous enlève ?... est-il fat, ce de Brives ! Je vous enlève, moi !

DE MAILLY.

Enfin, nous vous avons suivie, si vous l'aimez mieux.

DIANA.

A la bonne heure. Mauléon, soyez donc asssez galant pour me donner le petit travail d'aiguille qui est dans cette corbeille.

MAULÉON, apportant la corbeille.

Le voilà !

DIANA.

Vous êtes charmant !... à pied !...

(Elle s'assied sur le canapé et travaille à une broderie.)

MAULÉON, tirant de la corbeille un petit poignard.

Tiens ! Il y a des armes dans votre petit meuble ! ·

DIANA.

Ah ! oui !... quand les mailles de ma broderie sont mêlées, je les défais.

DE BRIVES.

A coups de poignard !

DE MAILLY, riant.

Oublies-tu que le comtesse est créole ?

DE BRIVES.

C'est juste, vous êtes née à la Havane.

DIANA, faisant un petit salut.

Oui, monsieur de Brives, le 14 mai 1827, à six heures 35 minutes du matin.

MAULÉON.

(Elle se met à rire.)

De quoi riez-vous ?

DIANA.

De vous tous... je pense à la façon dont vous êtes venus me rejoindre les uns après les autres.

DE BRIVES.

Vous avez raison, comtesse, le mieux est de rire de tout ceci ; mais vraiment vous êtes coupable.

* Mauléon, de Brives, Diana, Mailly, Stéphen.

DIANA.

Moi!

DE BRIVES.

Avouez que vous êtes bien coquette.

DIANA.

Je l'avoue.

DE BRIVES.

Vous avez un sourire charmant!

DIANA.

Vous êtes bien bon.

DE BRIVES.

Qui semble promettre...

DIANA.

Quoi?

DE BRIVES.

Bien des choses.

DIANA.

Vous êtes un impertinent.

DE BRIVES.

Vos causeries attirent. — Vous prenez des petits airs désolés comme la Mignon de Gœthe, et vos yeux bleus semblent dire: Mais pourquoi ne m'aime-t-on pas?...» Quand on vous serre la main en valsant, je vous jure, comtesse, que vous ne la retirez pas toujours. Enfin, on est fat, et en rentrant chez soi après une fête, on se dit : Évidemment je suis aimé de cette femme-là... ou j'ai des chances pour l'être. — Et le jour où l'on tombe à vos pieds, vous riez comme une folle. Ce jour-là, soit dépit, soit..... autre chose, on vous aime.... mais vous, vous jetez ailleurs votre sourire; vous prenez un autre valseur, et c'est un nom de plus sur le carnet de vos victimes.

DE MAILLY.

On sort, mais on a le cœur brisé.

DIANA.

Bah! ça se raccommode. — De Brives, ce que vous me reprochez est vrai, parfaitement vrai.

TOUS.

Ah!

DIANA.

Et je vais vous dire d'où cela vient : cela vient de ce que je n'ai aucune espèce de cœur.

DE MAILLY.

Vous en convenez !

DIANA.

Oui... passez-moi donc le peloton de laine rouge qui est tombé là-bas. Merci.

MAULÉON.

Comment !... vous n'avez jamais aimé ?

DIANA.

Jamais. Je me rappelle pourtant qu'un-jour (j'habitais la Havane à cette époque) un jeune homme vint demander ma main à mon père. Maurice, (c'était le nom du jeune premier, me disait qu'il m'aimait ; nous nous promenions ensemble sur les bords de la mer ; le soir, il me racontait son âme de vingt ans avec un charme... Ah ! c'était une délicieuse musique, je vous jure ! Or, il advint qu'une nuit, l'incendie dévora l'habitation et les plantations de mon père. — J'étais ruinée. Le lendemain, le jeune homme ne revint pas. Trois semaines après, il épousait la fille d'un riche planteur. Ce jour-là, en écoutant les sons de l'orgue qui chantait leur union, j'ai versé bien des larmes, allez ! de ces vraies larmes qui tombent d'un cœur vierge ; les anges devraient descendre du ciel pour venir les essuyer !... mais les anges sont restés chez eux. Tout à coup je fus prise d'un rire fou, et aux éclats de ce rire, il me sembla que quelque chose se brisait en moi... c'était mon cœur qui s'en allait. — Depuis ce temps-là, je n'en ai plus. Effectivement, je devins très-gaie. J'avais seize ans, j'étais jolie, monsieur de Rione m'offrit son nom, sa fortune... j'acceptai.

MAULÉON

Presque un vieillard ! vous vouliez donc bien vous marier.

DIANA, d'un ton d'indifférence.

Je voulais être veuve : que m'importait à moi ! je ne croyais plus. (Avec rage.) N'aurais-je pas raison, de Brives, mille fois raison, si ma coquetterie était une vengeance... Oui, je veux que d'autres larmes paient ces belles larmes qui ont brûlé mes yeux, vengent mes croyances mortes, ma jeunesse trahie, ma vie perdue ! — Oui, je voudrais voir tous les hommes à mes pieds, pleurant, tendant la main vers moi, et je serais bien heureuse de pouvoir leur dire : c'est la faute de l'un de vous, messieurs, ce n'est pas la mienne ; j'en suis désolée, mais je n'ai plus de cœur.

STÉPHEN.

Si fait vous en avez un.

DIANA.

Non !

DE BRIVES.

Il dort.

STÉPHEN.

Il fait semblant de dormir.

DIANA, se levant.

Seriez-vous amoureux de moi, docteur?*

STÉPHEN.

Moi, Dieu m'en garde! d'abord je n'aime pas les blondes.

DIANA.

Alors, pourquoi depuis deux ans me suivez-vous avec cette ténacité?

STÉPHEN.

Je vais vous dire : je suis amateur de curiosités. La médecine a été pour moi une étude; mais j'ai eu le fin mot de la science : elle a des remèdes pour tout. Je guérissais tous mes clients. Alors j'ai quitté la médecine. Je vous ai rencontrée dans le monde : une femme qui n'aime pas, m'écriai-je!... une curiosité, une charade vivante! Et j'ai juré de vous suivre jusqu'à ce que vous aimiez quelqu'un ou quelque chose. Ce jour-là, je retournerai à mes affaires, voilà.

DIANA.

C'est charmant! vous courrez longtemps.

STÉPHEN, froidement.

J'ai de bonnes jambes.

DE BRIVES.

Ainsi, comtesse, vous ne croyez à rien?

DE MAILLY.

Vous êtes le doute incarné.

MAULÉON.

Les hommes sont donc des brigands?

DIANA.

Oui... ils ne se pendent pas entre eux, par esprit de corps.

DE MAILLY.

Je vous jure que les hommes ne sont pas aussi méprisables que vous voulez bien le dire.

DIANA.

Ne faites donc pas de faux serments, monsieur de Mailly.

DE BRIVES.

Mailly a raison : les hommes ont du cœur; ils aiment!

DIANA.

Vous croyez?

SCÈNE VI.

LES MÊMES, THÉRÈSE tenant à la main un bouquet de fleurs d'orangers. Entrant du fond.)

DIANA.

Que cherches-tu, mon enfant?

* Mauléon, Mailly, Brives, Diana, Stéphen.
' Mauléon, Mailly, Brives, Diana, Stéphen.

THÉRÈSE. [*]

Je cherche Pierre Ledru, madame.

DIANA.

Où prend-on Pierre Ledru ?

THÉRÈSE.

Pierre, le garçon de ferme d'ici. Je vas vous dire : je viens d'aller lui cueillir un bouquet dans la montée...

DIANA.

Ah !

THÉRÈSE.

Oh ! faut être montagnarde pour aller là : c'est tout ravin. On peut tomber dix fois... et de haut.

DIANA.

Et ce Pierre est ton bon ami ?

THÉRÈSE.

Oui, madame ; mais il est aussi mon fiancé... il m'a bien promis le mariage, sans quoi...

SCÈNE VII.

LES MÊMES, PIERRE, entrant de droite.

PIERRE. [**]

Les voitures seront prêtes à huit heures.

DIANA.

Bien !

THÉRÈSE.

Tiens, Pierre, v'là un bouquet pour toi. (Elle le passe à la boutonnière de sa veste.) A tout à l'heure... je m'en vas à la ferme.

(Elle sort par le fond.)

DIANA. [***]

Dis donc, Pierre, tu es le garçon de ferme ?

PIERRE.

Oui, madame, pour vous servir.

DIANA.

Tu aimes la Thérèse ?

PIERRE.

La Thérèse Miqueux ! bédame oui...

DIANA.

C'est ta bonne amie ?

PIERRE.

C'est ma bonne amie tout de même.

DIANA.

Tu vas l'épouser ?

[*] Mauléon, Mailly, Thérèse, Diana, Stéphen, Brives.
[**] Thérèse, Pierre.
[***] **Mauléon, Mailly,** Pierre, Diana, Stéphen, Brives.

PIERRE.

Oui, vers la Noël.

DIANA.

Quel dommage qu'un homme tel que toi s'enferme dans un petit pays. (Lui prenant le bras et inclinant la tête sur son épaule.) Car tu es un beau gars, sais-tu? ah! si tu voulais venir à Paris, je te ferais mon chasseur ; tu monterais derrière ma voiture.

PIERRE, avec orgueil.

Moi, je monterais derrière votre voiture? ça m'irait... j'ai de l'ambition...

DIANA.

Tu aurais de belles plumes vertes sur ton chapeau et un sabre au côté... c'est là que tu trouverais de gentilles soubrettes.

PIERRE.

Ah! il y a de belles femmes à Paris?

DIANA.

Je crois bien, mais c'est impossible!...

PIERRE.

Pourquoi ?

DIANA.

N'as-tu pas promis à Thérèse de l'épouser.

PIERRE.

A la Thérèse Miqueux!... eh bien ! je ne l'épouserai pas.

DIANA.

Pourtant elle est ta bonne amie.

PIERRE.

Bédame !... quand j'y ai demandé de l'être, fallait pas qu'elle consente !

DIANA.

Il est gentil ce bouquet. Veux-tu me le donner?

PIERRE.

Le voilà. (Il le donne.)

DIANA, se tournant vers les jeunes gens.

Vous le voyez, messieurs : une pauvre fille a risqué sa vie à cueillir des fleurs pour ce monsieur... qui est affreux ; elle lui a donné tout ce qu'elle possède : sa vie, son âme, et voilà que cet homme va l'abandonner; voilà qu'il donne en riant ces pauvres fleurs. Vous voyez bien, messieurs, que j'ai raison de vous mépriser; vous voyez bien que j'ai raison de ne pas croire à l'amour !...

(Elle jette le bouquet avec mépris.)

PIERRE, ébahi.

Ah!...

SCÈNE VIII.

Les Mèmes, GEORGES est entré et a écouté la fin de la scène.

GEORGES, ramassant le bouquet.

Ce sont des pervenches!... (a Pierre.) Madame a raison, Pierre, tu es un lâche et un idiot. Reste dans ton coin avec Thérèse, reprends ces fleurs et mérite qu'elle vienne un jour en planter d'autres sur ta tombe. C'est si rare les veuves inconsolables. (a Diana.)** N'est-ce pas, madame. Allons, va embrasser Thérèse, tu lui dois dix ans de bonheur pour les mauvaises paroles que le diable t'a soufflées. Allons, tourne-moi les talons.

(Pierre sort.)

DE MAILLY.

Ah ça, monsieur, de quoi vous mêlez-vous et qui vous a permis?...

GEORGES.

De quoi je me mêle, monsieur de Mailly?

DE MAILLY. ***

Vous me connaissez?...

GEORGES.

N'êtes-vous pas monsieur Paul de Mailly. Un beau nom que vous portez dignement; vous protégez mademoiselle X..., vous avez les plus beaux chevaux de Paris, une bonbonnière d'hôtel aux Champs-Élysées; est-il vrai que vous fassiez changer votre ameublement?

DE MAILLY.

Monsieur...

GEORGES, saluant.

Monsieur! Ah voilà monsieur Mauléon, un capitaliste à la recherche d'une dot... pour arriver enfin au parquet... vous serez agent de change; il n'y a pas de sots métiers, monsieur, il n'y a que de sots clients.

(Il salue.)

MAULÉON, à gauche.

Mais qui donc êtes-vous, monsieur?

GEORGES.

Moi, je suis un chasseur de chamois.

DE BRIVES.

Non, je vous connais, monsieur.

GEORGES.

Vraiment!... alors, mettez votre faux nez et intriguez-moi.

* Mauléon, Mailly, de Brives, Pierre, Georges, Stéphen, Diana.
** Mauléon, de Brives, Mailly, Georges, Stéphen, Diana.
*** Mailly, Mauléon, Georges, de Brives, Stéphen, Diana.

DE BRIVES.

J'étais le témoin de monsieur de Ferny, et vous étiez son adversaire.

GEORGES.

Moi, monsieur?... vous vous trompez bien certainement. J'ignore le monsieur dont vous parlez ; je suis d'ailleurs d'un naturel fort timide : la vue d'un fleuret démoucheté me donne le vertige ; le moindre coup dégagé me donne la chair de poule, et je pleure quand on abuse de la flanconnade et de la quarte-basse !

MAULÉON, très-insolent.

Alors, monsieur je trouve très-étrange...

GEORGES.

Ce qui ne m'empêche pas d'être à la disposition des petits messieurs qui sont malhonnêtes avec moi ; je triomphe alors de ma timidité naturelle, je fais des contre-de-quarte et je tire droit avec une prodigieuse vitesse.

(Mauléon lui tourne le dos.)

DIANA qui le lorgne depuis longtemps.

Et moi, monsieur, me connaissez-vous ? *

GEORGES.

Vous, madame !... oh ! oui, je vous connais ; vous êtes une séductrice, dit-on, une enchanteresse. Le monde vous appelle tout haut : la comtesse Diana de Rione, mais les mères de famille vous appellent tout bas : madame Lovelace et cachent leurs fils dans leurs bras quand vous passez.

DIANA, riant.

Vraiment?

STÉPHEN, s'avançant.

Monsieur Vernon!

DIANA.

Laissez-le dire, docteur, il est fort amusant.

GEORGES.

Oui, je vous connais ; il y a deux hommes qui ne vous craignent pas : le docteur qui est un philosophe, et moi, qui ne suis rien.

DIANA.

Oh ! si je voulais...

GEORGES.

Me séduire !...

DIANA.

Ma foi, vous m'en donnez l'envie ; voulez-vous ?

* Les trois, Georges, Stéphen, Diana.

GEORGES.

Moi. (Après un silence, d'un ton indifférent.) Non, je suis très-fatigué, je vais me coucher... madame... bonsoir, messieurs.

(Il sort à gauche, premier plan.)

SCÈNE IX.

LES MÊMES, moins GEORGES.

DIANA. *

Oh! c'est dommage!... j'aurais eu du plaisir à vaincre ce sauvage.

(La nuit est venue peu à peu. Thérèse apporte une lampe qu'elle dépose sur la table.)

STÉPHEN.

J'oubliais de vous dire que M. Raymond de Bussières est ici.

DIANA.

Ah bah! et que vient-il faire?

STÉPHEN.

Mais... je ne sais... (A part.) Décidément elle a raison; je courrai longtemps.

DIANA, à Thérèse.

Mon enfant, dis à ma femme de chambre de m'apporter une pelisse, je gèle dans ce pays. (A Stéphen.) Et où est-il, ce Raymond?

STÉPHEN.

Il est allé à votre rencontre, et, ma foi, je l'ai envoyé, lui et son cheval, sur le chemin de Mirande.

DIANA, éclatant de rire.

Ah! que c'est joli, docteur, je suis folle de vous!

SCÈNE X.

LES MÊMES, RAYMOND.

DE BRIVES.

Raymond!

LES JEUNES GENS.

Par quel hasard?

RAYMOND, saluant.

Messieurs... Madame la comtesse de Rione!...

DIANA.

C'est vous? à quel miracle vous devons-nous? Mais vous arrivez mal : nous partons tout à l'heure.

RAYMOND.

Pour Paris?

* Mailly, Mauléon, Stéphen, Diana, de Brives.

DIANA.

Oui.

RAYMOND.

Je vous accompagnerai.

DIANA.

Vous n'y pensez pas, vous chancelez!...

RAYMOND.

Oui... la fatigue... n'importe, je partirai avec vous. Mais avant je voudrais vous parler.

DIANA.

Messieurs, allez vous apprêter; j'ai hâte de partir... me suivez-vous docteur?

STÉPHEN, froidement.

Jusqu'au jugement dernier, madame.

(Il sort à gauche à la suite des jeunes gens.)

SCÈNE XI.

DIANA, RAYMOND.

DIANA, allant s'asseoir et se croisant les bras.

Parlez, monsieur de Bussières, je suis toute oreille.

RAYMOND.

Madame, je...

DIANA.

Ah! mon Dieu!... vous êtes ému!...

RAYMOND.

Oui, ce que j'ai à vous dire est si important pour moi, Diana : vous rappelez-vous la dernière soirée que nous passâmes ensemble? Vous étiez triste, vous vous plaigniez à moi de votre isolement. « Ma gaité est un masque, disiez-vous, le monde me croit rieuse... vous seul connaissez mes tristesses !... Eh bien, Diana, je veux la moitié de vos douleurs ou de vos joies. Je suis libre, ma fortune est égale à la vôtre, nous sommes du même monde. Diana, je vous aime! Diana, voulez-vous être ma femme?

DIANA.

Moi !... (Éclatant de rire.) Mais c'est une demande en règle que vous me faites-là.

RAYMOND.

Comtesse...

DIANA.

Vous m'aimez?

RAYMOND, avec sentiment.

Oui... de toute mon âme!

DIANA, se levant.

Vous êtes un enfant !... ce mariage est impossible.

RAYMOND.

Impossible! Pourquoi ?...*

DIANA.

Pourquoi ? mais... vous m'embarrassez beaucoup, savez-vous, il est des réponses qu'une femme d'esprit ne fait jamais, parce qu'un homme d'esprit les devine toujours. Vous m'aimez? eh! bien! supposez que je sois ingrate. (Raymond fait un mouvement.) Tenez, vous avez deviné, donnez-moi la main, et restons en là. (Elle lui tend une main que Raymond ne prend pas.) Vous refusez d'être mon ami.

RAYMOND.

Ainsi, vous ne m'aimez pas?

DIANA.

Pas plus que vous ne m'aimerez dans deux ans, quand vous serez marié et que, me rencontrant au théâtre, vous lorgnerez mon avant-scène, en disant : Tiens, la comtesse... dire, que j'ai été amoureux de cette femme-là. Est-ce drôle!... car on finit toujours par trouver drôle ce que l'on trouvait poétique, par oublier complétement ce que l'on croyait éternel, et par rire des larmes que l'on a versées. Je serai pour vous la première venue... Ce qui ne m'empêchera pas de vous garder une valse dans mes fêtes, une place dans ma loge, et un petit coin dans mon amitié. Est-ce convenu ?

RAYMOND.

Vous ne m'aimez pas... Ainsi, ces longues soirées passées près de vous?...

DIANA.

C'est juste! vous êtes venu me voir souvent, vos visites m'ont fait grand plaisir, et je leur pardonne d'avoir été inté-ressées.

RAYMOND.

Cet éventail tombé à mes pieds.

DIANA.

Mon cher enfant, les éventails sont faits pour tomber, et les gens de vingt ans pour les ramasser; vous avez eu tort de prendre la chose autrement. Je vous en veux beaucoup.**

RAYMOND.

Enfin, vous refusez.

DIANA.

Votre projet n'a pas le sens commun !... je veux garder mon indépendance; un mari, à moi!... qu'est-ce que j'en ferais, grands dieux !... Oh ! monsieur de Bussières, vous avez des idées qui font frémir.

* Raymond, Diana.
** Diana, Raymond.

RAYMOND, amèrement.

Ainsi, je m'étais trompé, ces douces paroles, ces longues soirées pleines de rêveries, l'abandon de votre main serrant la mienne quand nous nous quittions, tout cela était un rêve. Vous ne m'aimez pas; mais moi, madame, je vous aime. Mon âme s'est habituée à cet amour. Je vivais pour vous et dans votre ombre; je vous suivais avec extase, je vous appartenais! Oui, j'étais ému comme un enfant quand vous apparaissiez dans une fête; j'aurais voulu dire à tous ces hommes qui vous entouraient : Laissez-moi près d'elle!... laissez-moi l'aimer seul... vous ne l'aimez pas, vous autres. il n'y a que moi, il n'y a que moi qui l'aime.

DIANA, à part.

Oh! c'est ainsi que me parlait Maurice, et il est marié. C'est ainsi peut-être que Pierre parlait à Thérèse, et il sacrifiait le bouquet de la pauvre fille.

RAYMOND.

Comment voulez-vous que je vive sans vous? Je vous aime... oh! comme je vous aime!...

(Il pleure.)

DIANA, à part.

Il pleure... c'est ainsi que j'ai pleuré, moi... et Maurice n'a pas essuyé mes larmes !

RAYMOND.

Si vous refusez, Diana, je me tuerai!...

DIANA, riant.

Si vous saviez comme on m'a dit cela souvent!... et des gens qui se portent très-bien, qui déjeunent au café Anglais, montent à cheval et vont le soir à l'Opéra. Je ne crois plus aux hommes qui meurent.

RAYMOND.

Ah! une dernière fois, vous refusez?...

DIANA.

Mon Dieu, monsieur de Bussières, on ne met pas comme cela aux gens le mariage sur la gorge. Je vais crier au secours.

RAYMOND, souriant.

Oh! n'appelez pas... en vérité, je suis absurde, je vous supplie de m'excuser.

DIANA.

Vous ne pensez plus à votre petit projet !

RAYMOND.

En aucune façon.

(La femme de chambre de Diana entre et lui apporte sa plisse et son chapeau.)

DIANA.

Ah ! très-bien, Marie. Partez-vous avec nous, monsieur de
Bussières...

RAYMOND.

Non... je suis très-fatigué... je reste. (Apercevant le poignard de
Diana laissé sur la table.) C'est à vous ceci ?

DIANA.

Oui.

RAYMOND.

C'est assez joli ! voulez-vous m'en faire cadeau ?

DIANA.

Très-volontiers.

RAYMOND.

Merci !

DIANA, qui met son chapeau devant une glace.

Oh ! comme cette lampe donne peu de clarté, relevez-la
donc, Raymond.

RAYMOND.

C'est inutile, elle va s'éteindre...

DIANA.

Comme vous me dites cela ?

RAYMOND.

Adieu ! comtesse !

DIANA.

Au revoir. Vous ne m'en voulez pas ?

RAYMOND.

Non !

DIANA.

Au revoir...

RAYMOND.

Adieu !...

(Il sort par la porte de droite. — Musique jusqu'à la fin de l'acte.

SCÈNE XII.

DIANA, STEPHEN, MAULÉON, de BRIVES, de MAILLY,
puis THÉRÈSE, trois domestiques. (Ils traversent la scène en
portant des bagages.)

STÉPHEN.

Nous sommes prêts...

THÉRÈSE, entrant au fond.

Madame, les voitures sont attelées, vous pouvez partir...

DIANA.

Ah! enfin ! éclaire-nous, ma fille ! (Thérèse prend la lampe qui
s'éteint.) Tiens ! nous voilà sans lumière.

THÉRÈSE.

Je vais en quérir...

(Elle sort. — Le théâtre est éclairé par les rayons de la lune qui
plongent par les fenêtres.)

DIANA, l'arrêtant.

Ah ! le beau clair de lune ! n'est-ce pas, messieurs ? on
se voit comme en plein jour ? le beau temps pour voyager.

SCÈNE XIII.

. LES MÊMES, GEORGES VERNON, *puis* PIERRE.

GEORGES, paraissant à la petite porte de gauche, il est pâle.

Comtesse de Rione.

DIANA, qui allait sortir, se retournant.

Ah ! monsieur Georges Vernon.

DE BRIVES.

Encore le tueur de chamois.

GEORGES.

Ne m'avez-vous pas dit tout à l'heure que si vous le vouliez, moi aussi, je vous aimerais d'amour '

DIANA.

Oui ; mais vous avez refusé le défi.

GEORGES, regardant à droite.

Maintenant, je l'accepte !

DIANA.

Désolée !... voici l'hiver... les feuilles tombent de tous les
côtés. Je gèle et je retourne me chauffer à Paris.

GEORGES.

Eh bien ! à Paris, soit ! Madame la comtesse de Rione
voudra-t-elle me permettre de me présenter chez elle... le
mercredi, je crois.

DIANA.

De grand cœur ! n'oubliez pas que je vous ai porté un
défi.

LA VOIX DE THÉRÈSE, *chantant au dehors.*

Berger rentre les troupiaux,
Les bestiaux,
Les moutons les agneaux.
V'là l'automne
Qui sonne,
Rentre les troupiaux.

GEORGES.

N'oubliez pas, comtesse, que je l'ai accepté.

De Brives, Mauléon, Mailly, Stéphen, Diana, Georges, Pierre.

PIERRE, paraissant par la petite porte à côté du hangar.

Ah ! monsieur Georges, si vous saviez !...

GEORGES, bas.

Je sais ! tais-toi !... (Lui étreignant le bras.) Tais-toi...

STÉPHEN, bas à Diana.

Je suis fâché que vous invitiez ce monsieur.

DIANA, riant.

Vous êtes fou, docteur, il nous amusera. (Aux autres.) Allons, messieurs, en route ! (A Georges.) A Paris, monsieur Vernon. (Diana entourée de jeunes gens, prend le bras du docteur et va pour sortir. Georges immobile près de la porte échange un dernier regard avec la comtesse.)

ACTE II.

A Paris chez madame de Rione. — Riche boudoir. — Au fond trois grandes portes ouvrant sur un second salon et masquées par des portières, mobilier de luxe, jardinières garnies de fleurs. Apprêts d'une fête. — A gauche piano.

SCÈNE PREMIÈRE.

MARIE, rangeant, STÉPHEN, puis PIERRE LEDRU.

STÉPHEN, entrant, grand costume de soirée.

Madame de Rione ?

MARIE.

Madame est à sa toilette.

STÉPHEN.

Bien, j'attendrai.

(Il s'assied à droite après avoir posé son chapeau sur le piano à gauche.)

UN DOMESTIQUE, entrant avec un bouquet.

Ce bouquet pour madame, de la part de monsieur Georges Vernon.

(Il sort.)

MARIE.

Bien.

(Entre Pierre Ledru, il est vêtu en domestique, chapeau galonné.)

PIERRE.

Cette lettre pour madame, de la part de monsieur Georges Vernon.

MARIE, prenant la lettre.

J'y vais de suite, monsieur Pierre !

(Elle sort.)

SCÈNE II.

STÉPHEN, PIERRE.

STÉPHEN, se retournant. *

Pierre!... ce nom... oh! mais en effet... c'est toi, mon garçon.

PIERRE.

Monsieur Stéphen!

STÉPHEN.

Comme te voilà beau!...

PIERRE, avec orgueil.

Oui, monsieur, j'ai eu de l'avancement, j'n'étais qu'un paysan et me voilà domestique.

STÉPHEN.

Chez monsieur Georges Vernon.

PIERRE.

Oui, monsieur Stéphen ; il m'a amené de là bas... et franchement je crois qu'en six mois je me suis assez formé. Je lis tous les romans qui paraissent.

STÉPHEN.

Je te croyais marié.

PIERRE.

Avec la Thérèse!... oh! non! j'ai de l'ambition... Je voudrais devenir valet-de-chambre... et dans notre société moderne, quand un homme est marié, il est toisé!

STÉPHEN.

Ah! ah!

PIERRE.

Ça n'a pas empêché la Thérèse d'en épouser un autre. (à part.) Ces femmes!... c'est comme les chats elles retombent toujours sur leurs pattes.

STÉPHEN, se levant.

Et... es-tu heureux chez monsieur Vernon?

PIERRE.

Très-heureux... je n'ai rien à faire... monsieur déjeune chez Tortoni, monte à cheval à trois heures... je le suis à trente pas... nous poussons jusque chez Born, où nous prenons le Madère, en lorgnant les petites demoiselles... chacun à notre table bien entendu! puis nous retournons à Paris... monsieur dîne au café Anglais, moi je dîne au cabaret et voilà!...

STÉPHEN, le faisant causer.

Mais il faut, le soir, que tu attendes ton maître.

* Pierre, Stéphen.

PIERRE.

Je l'attends jusqu'à deux heures du matin... quand à cette heure-là il n'est pas rentré, je me couche.

STÉPHEN.

Ah !... il ne rentre pas...

PIERRE.

Je vais vous dire... Il s'est fait recevoir à un cercle... et il joue... Quand il gagne, il me donne toujours quelque chose.

STÉPHEN.

Et quand il perd?...

PIERRE.

Quand il perd... il a une cravache bien désagréable... Le matin !... le matin , je l'habille pendant qu'il fume une grande pipe turque.

STÉPHEN.

Cet excellent Pierre !.. ton maître est joli garçon, il doit avoir bien des maîtresses, hé !...

PIERRE.

Pas une, monsieur Sthéphen... Pourtant l'autre nuit, quand je suis entré dans sa chambre, figurez-vous...

STÉPHEN.

Achève...

PIERRE, s'arrêtant tout court.

Oh! non !.. le secret des maîtres, c'est sacré... Au revoir, monsieur Stéphen.

STÉPHEN le rappelant.

Pierre !

PIERRE.*

Plait-il?

STÉPHEN.

Je crois me rappeler que je ne t'ai pas donné tes étrennes.

PIERRE.

Non, monsieur... mais nous sommes au mois de mars il y a prescription... vous avez le droit de me faire du tort.

STÉPHEN.

Prends...

PIERRE.

Deux louis !

STÉPHEN.

Voyons, nous sommes seuls... dis-moi donc un peu ce que tu as vu... en entrant chez ton maître.

PIERRE.

Oh ! monsieur, vous me promettez le secret au moins !

STEPHEN.

Parbleu !

* Stéphen, Pierre.

PIERRE.

C'est, du reste, une bagatelle. Enfin voici : figurez-vous que j'entendais pleurer... je me dis : Tiens, est-ce que monsieur serait malade... pour lors, j'entre... monsieur était assis devant son secrétaire, avait près de lui un coffret ouvert, et contemplait un portrait.

STÉPHEN.

Ah !

PIERRE.

A mon entrée, il serra vivement le portrait dans le coffret qu'il ferma... mit dans sa poche la petite clé qui ne le quitte jamais, et sortit. Comme il va souvent à l'Opéra, j'ai des raisons pour croire que c'est le portrait d'une de ces demoiselles, qui aura fait du chagrin à monsieur.

STÉPHEN, souriant.

Je pense que tu as raison... je soupçonne une danseuse... (Il tire son calepin et écrit au crayon sur une feuille.—Fausse sortie de Pierre. —Stéphen le rappelle.) Pierre !

PIERRE.

Monsieur a encore des étrennes en retard ?

STÉPHEN.

Attends un moment. (Il déchire le feuillet et le donnant à Pierre.) Descends, et quand tu seras seul dans la rue, lis ceci. Tu m'entends ?

PIERRE.

Parfaitement, monsieur Stéphen.

STÉPHEN.

La comtesse. (A Pierre.) Va-t'en !

(Pierre sort.)

SCÈNE III.

STÉPHEN, seul.

Monsieur Georges Vernon a sa stalle à l'année à l'orchestre de l'Opéra, monsieur Georges Vernon est un homme d'esprit... et il a vu trois fois de suite le dernier ballet. Ce domestique a deviné, il y a de la danseuse dans tout ceci... mais laquelle ? laquelle ?...

SCÈNE IV.

STÉPHEN, DIANA.

DIANA, entrant.*

Ah ! c'est vous. cher docteur. (Elle est en toilette de bal et tient à la main un bouquet de Georges; tendant la main au docteur.) Comment ! sitôt... Savez-vous que c'est charmant à vous, de venir ainsi

* Diana, Stéphen.

me tenir compagnie. (Elle s'assied sur un sopha et décachette plusieurs lettres.) Madame de Marsay ne peut venir à mon bal... elle s'excuse sur sa santé. Est-ce toujours vous qui la soignez?

STÉPHEN, poussant près d'elle un fauteuil.

Vous savez bien que depuis deux ans je ne soigne plus personne.

DIANA.*

C'est juste.

STÉPHEN.

Vous avez un joli bouquet.

DIANA.

C'est monsieur Vernon qui me l'a envoyé.

STÉPHEN.

Monsieur Vernon.

DIANA.

Ne froncez donc pas le sourcil... vous détestez beaucoup monsieur Vernon?

STÉPHEN.

Je ne l'aime pas. Quel est le résultat du fameux défi?

DIANA, riant.

Ah!

STÉPHEN.

Monsieur Vernon vous aime.

DIANA, négligemment.

Je crois qu'oui.

STÉPHEN.

Il est venu hier je, crois?

DIANA.

Oui.

STÉPHEN.

Et ce matin?

DIANA.

Oui.

STÉPHEN.

Que vous dit-il?

DIANA.

Il me dit qu'il m'aime.

STÉPHEN.

Le dit-il bien?

DIANA.

Ces choses-là se disent toujours bien.

STÉPHEN.

Que lui répondez-vous?

DIANA.

Je lui réponds très-poliment.

* Diana, Stéphen.

STÉPHEN.

Quoi?..

DIANA, avec un grand sérieux.

Docteur, si cela peut vous faire bien plaisir, bien plaisir, nous prendrons jour, monsieur Vernon et moi, pour un tête à tête, et nous vous inviterons.

(Elle lui rit au nez.)

STÉPHEN.

Vous vous moquez de moi, vous avez grand tort... vous ne lui avez pas donné votre portrait?

DIANA.

Mon portrait!. parlez-vous sérieusement, docteur? croyez-vous que je distribue mes portraits à tout le monde? je n'ai donné aucun portrait... Pourquoi me faites-vous une pareille demande?

STÉPHEN.

Pour rien... La franchise de mes questions doit vous paraître singulière. Prenez-vous-en à mon amitié pour vous. Je vous aime, non d'amour... mes quarante-cinq ans ont perdu ce droit... mais d'amitié, d'une amitié vraie et profonde... et mon amitié n'est pas banale, croyez-le... je n'ai réellement aimé que la science, mes vieux livres, mes nuits de travail... Quand je vous ai vue, vous m'avez étonné d'abord ; quand je vous ai comprise, je vous ai aimée. Oui, vous m'avez semblé un esprit malade; ces choses-là ne se guérissant que par l'amitié, je vous ai donné la mienne... elle ne sera pas gênante, et je ne demande rien en échange : ne me dites pas vos secrets, comtesse, mais laissez-moi les deviner si je puis. Laissez-moi vous aimer... de loin et veiller sur vous, comme si vous étiez ma sœur ou mon enfant; laissez-moi me faire l'espion de votre bonheur. Vous ne croyez pas à l'amour, vous n'aimez pas, vous n'aimerez peut-être jamais ... soit, mais est-ce une raison pour nier l'amitié, pour ne pas avoir près de soi un cœur qui console et que l'on puisse rudoyer au besoin, sans que pour cela il s'en aille? Tenez, j'ai chez moi un gros chien ; quand je rentre de mauvaise humeur, je le bats, pourquoi?... parce que je sais qu'il m'aime, qu'il ne me mordra pas, et qu'il restera fidèle à sa niche. Prenez-moi donc bien vite pour votre ami, j'accepte franchement ma position, qui est difficile, celle d'être l'ami d'une jolie femme... Acceptez franchement la vôtre, qui est belle et rare, celle d'avoir l'amitié d'un honnête homme.

(Diana le regarde et lui tend une main, qu'il presse.)

DIANA.

En vérité, mon ami, vous ne m'avez jamais parlé ainsi.

STÉPHEN.

Et mes paroles étonnaient votre toilette de bal!... Dansez, comtesse, riez, chantez... je regarderai autour de vous, je suis là.

DIANA s'est levée en respirant son bouquet, et s'arrêtant devant la pendule.

Dix heures. Est-ce qu'il est déjà dix heures!

STÉPHEN, tirant sa montre.

Oui... et dix minutes même...

DIANA, avec inquiétude.

Ah!

(Elle va à son piano et prélude.)

STÉPHEN, à lui-même.

De la musique!...est-ce que je la gêne?... (Haut.) Comtesse, si je vous ennuie, dites-le à mon chapeau.

DIANA, préludant.

Vous!... m'ennuyer!... y pensez-vous?

STÉPHEN.

Vous attendez peut-être quelqu'un ?

DIANA, faisant de la musique.

Moi, je n'attends personne.

STÉPHEN.

C'est joli ce que vous jouez là, de qui est-ce ?

DIANA.

Je ne sais... je crois que c'est de moi.

ANTOINE, annonçant.

Monsieur Georges Vernon.

STÉPHEN, à part.

Et elle n'attendait personne.

SCÈNE V.

LES MÊMES, GEORGES. (Toilette de bal.) '

DIANA, jouant toujours.

C'est vous, monsieur Georges! par quel hasard de si bonne heure.

GEORGES.

Je passais devant votre hôtel... vos gens m'ont dit que votre toilette était achevée, je me suis permis de me faire annoncer.

DIANA.

Vous avez très-bien fait.

(Moment de silence. — Diana fait de la musique, Georges feuillète un album.)

STÉPHEN, à part.

Évidemment je gêne quelqu'un ici. (Il prend son chapeau.)

* Diana, Stéphen, Georges.

DIANA.

Vous partez, docteur ?

STÉPHEN.

Oui, je me rappelle qu'il y a dix-huit mois un malade m'a fait demander pour une fluxion de poitrine... je vais le voir.

DIANA.

Après dix-huit mois... il doit être guéri de sa fluxion!

STÉPHEN.

Il en a peut-être une autre.

DIANA.

Revenez-nous vite... vous êtes indispensable au wisth de madame de Sainte-Croix.

STÉPHEN.

Oh! j'ai ma voiture en bas. (A voix basse en passant près de Diana.) Vous le voyez... mon amitié se met elle-même à la porte. Votre piano était inutile, vraiment. Quand je vous ennuierai, chassez-moi, battez-moi, je suis comme mon chien!... je reviendrai toujours. — Monsieur. (Il salue Georges, et sort.) Toujours!

SCÈNE VI.

DIANA, GEORGES.

DIANA.

Voyez à travers cette porte si le docteur est parti, je crois qu'il nous écoute.

GEORGES, va à la porte qu'il entr'ouvre.

Non... il descend les escaliers... il parle à Antoine... il sort... il est parti! *

DIANA, allant reprendre sa place sur le sofa.

Ouf! j'ai cru qu'il ne s'en irait jamais!

GEORGES.

Il me déplaît, votre docteur.

DIANA.

Bon!... et pourquoi?

GEORGES.

Il monte la garde autour de vous; ce n'est ni un ami, ni un médecin que vous avez là, c'est un gendarme.

DIANA.

Vous êtes jaloux de lui.

GEORGES.

Je suis jaloux de tout le monde.

DIANA, à demi couchée sur le sofa.

Qu'avez-vous fait aujourd'hui?

* Georges, Diana.

GEORGES.

Ce que j'ai fait hier, ce que je ferai demain, j'ai pensé à vous.

DIANA.

Le docteur me demandait tout à l'heure des nouvelles de notre fameux défi, qu'en dites-vous?

GEORGES.

J'ai perdu.

DIANA.

Dites-le moi là, à mes pieds, à genoux sur ce coussin... Allons... allons donc!

GEORGES, ployant le genou.

' J'ai perdu... Je vous aime.

DIANE, changeant de ton.

Étiez-vous ce soir à l'Opéra?... que chantait-on? Ah! vous pouvez vous relever maintenant.

GEORGES.

A l'Opéra, madame? on chantait Lucie... l'histoire d'une dame qui aime un monsieur.

DIANA.

Toujours le même poëme, toujours le même roman.

GEORGES, avec chaleur.

Non... toujours la même histoire, c'est la seule vraie... c'est l'histoire du monde. C'est l'histoire de votre mère!... Il faut aimer, Diana, il faut croire... Je vous plains, car vous êtes aveugle; le jour où se fera la lumière, la vie vous apparaîtra éblouissante, toute votre jeunesse chantera en vous... Moi aussi je doutais et accusais Dieu... mais je vous aime : vous rappelez-vous, Diana, cet hiver, notre promenade au bois, quand nous quittâmes notre voiture malgré le froid, pour marcher dans cette petite allée? Pour la première fois je vous dis que je vous aimais et je sentis votre main trembler dans la mienne. Oh! ne dites pas non. — Alors je levai la tête machinalement, et comme les branches n'avaient plus de feuilles, je vis mieux le ciel à travers, et je remerciai Dieu, qui me rendait mes croyances!... Diane, ne doutez plus à votre tour, ne voyez-vous pas bien que je vous aime. (Il s'assied.)

DIANA.

Mais je ne sais pas, moi, je ne m'y connais pas.

GEORGES.

Oh! vous me croirez malgré vous. Souriez, madame; mais elle ne peut avoir menti, cette voix qui m'a dit en vous nommant : aime cette femme... elle n'a jamais aimé, mais elle t'aimera. C'est bien l'amour que cherchent tes rêves, tu pourras regarder sans crainte dans son passé, sans y trouver le fantôme d'autres amours, et son cœur, qui se donnera librement à toi, n'aura jamais battu que sur le tien.

DIANA.

C'est très-gentil tout ce que vous me dites-là... Tenez, je vais vous inscrire pour une valse.

GEORGES, se levant.

Vous savez que vous m'aimez.

DIANA.

Non.

GEORGES.

Si fait.

DIANA.

Non.

GEORGES. *

Vous verrez.

DIANA, écrivant sur son carnet.

Vous avez la seconde valse. Monsieur de Brives a la première.

GEORGES, à son oreille.

Diana, je n'ai jamais aimé et je vous aime.

DIANA, railleuse, se levant.

C'est égal, vous avez perdu votre défi.

GEORGES.

Adieu, comtesse.

DIANA.

A tout à l'heure. — Eh bien, partez donc ?

GEORGES.

Je ne peux pas.

DIANA.

Pourquoi?

GEORGES.

Parce que vous êtes là.

DIANA.

M'aimez-vous autant que m'aimait ce pauvre Raymond de Bussières ?

GEORGES.

Raymond !

DIANA.

Qu'avez-vous ?

GEORGES.

Moi... rien. Tenez, voilà votre Stéphen qui revient.

DIANA.

Vous êtes étonnants tous les deux. Il ne vous aime pas non plus.

GEORGES.

Ah!

* Diana, Georges.

SCÈNE VII.

LES MÊMES, STÉPHEN.

STÉPHEN, entrant.

Comtesse !

DIANA.

Vous avez vu votre malade ?

STÉPHEN.

Non... il était allé dîner en ville.

DIANA.

Ah !... (A Georges, d'un ton dégagé.) Eh bien, à tout à l'heure;
monsieur Vernon, je vous remercie de votre visite.

GEORGES, saluant.

Madame la comtesse... monsieur.

STÉPHEN

Il est fort poli, monsieur Vernon, il m'a rendu mon salut.

DIANA.

Mais monsieur Vernon est un homme du monde.

STÉPHEN.

Du quel ?

DIANA.

Mais du nôtre.

STÉPHEN.

On m'a appris une chose qui m'a fort étonné. Il vient
d'être reçu au cercle.—Monsieur de Solis était son parrain.

DIANA.

Vous voyez bien...

STÉPHEN.

Vous avouerez qu'il est bien étrange en tous cas... un être
insaisissable, un touriste qui n'a pas de chez lui, qui loge
dans les auberges... Tenez, en ce moment, il habite l'hôtel
Meurice... Décidément se nomme-t-il Georges Vernon ?

DIANA.

Mais certainement!... Tenez, Stéphen, la haine vous
égare.

STÉPHEN.

L'amitié a cela de pénible, que, pour bien aimer une personne, il faut généralement en détester deux ou trois. (A part.)
Pierre n'arrive pas... allons, il n'aura pas réussi.

(On entend une valse, la porte du fond s'ouvre, on voit un second
salon brillamment éclairé, les invités paraissent et se saluent.)

DIANA.

Tenez, voici du monde, soyez aimable et gentil si vous
pouvez.

SCÈNE VIII.

Les Mêmes, DE BRIVES, DE MAILLY.

DIANA.

De Brives!... à la bonne heure, voilà de l'exactitude.

DE BRIVES.

En doutiez-vous?

DIANA.

Est-ce que vous m'aimez toujours?

DE BRIVES.

Non, j'ai juré de ne plus rien aimer... et je me marie.

DIANA.

Comme c'est gracieux pour votre femme ce que vous dites là... Bonsoir, de Mailly.

DE MAILLY.

Comtesse...

DIANA.

Docteur, votre bras; aidez-moi à organiser le whist de madame de Sainte-Croix.

STÉPHEN.

C'est bien amusant.

(Il donne le bras à Diana et sort, on les voit causer dans le salon avec les invités.)

DE MAILLY.

Monsieur Georges n'est pas arrivé?

DE BRIVES.

Pas encore... Eh bien, est-il muselé ce sauvage?

DE MAILLY.

Complètement... mon cher, il adore madame de Rione qui se moque de lui. (On rit.)

DE BRIVES.

Il mène du reste un train d'enfer; il est très à la mode. (Entre Mauléon.) Tiens!... Mauléon! Et la bourse, la tente, les chemins, devenez-vous millionnaire?

MAULÉON, gravement.

Messieurs, depuis que je suis au parquet je ne fais rien pour moi. Je ne joue plus. *

DE BRIVES.

Vous faites jouer les autres.

DE MAILLY.

Comment peut-on jouer à la Bourse! on s'y ruine, et on fait comme ce pauvre Raymond de Bussières qui avait, dit-on, perdu des sommes folles... car c'est pour cela que le malheureux s'est tué.

* Stéphen, Mailly, Diana, de Brives.
' Mailly, Stéphen, Diana, de Brives.
+ Mailly, Mauléon, de Brives.

SCÈNE IX.

LES MÊMES, DIANA, puis STÉPHEN.

DIANA, entrant.

Comment!... des danseurs qui font tapisserie... votre bras,
monsieur de Brives, il faut absolument que vous fassiez dan-
ser une de mes protégées; allons, messieurs, du courage.
(Voyant entrer Stéphen.)* C'est vous, docteur, et le whist?

STÉPHEN.

Madame de Sainte-Croix a son quatrième.

DIANA.

Alors, je vous rends à vos pensées.

(Elle sort suivie des jeunes gens.)

SCÈNE X.

STÉPHEN, puis GEORGES.

STÉPHEN, s'asseyant.

Elle est heureuse!

GEORGES, entrant par la première porte du fond, l'air soucieux. A part.

Le docteur! mon ennemi intime.

STÉPHEN.

Ah! c'est vous, monsieur Vernon... voilà, si j'ai bonne
mémoire, la première fois que nous nous trouvons seuls
depuis le jour où nous avons fait connaissance dans les Pyrénées.

GEORGES.

C'est vrai.

STÉPHEN.

Je me rappelle mot pour mot notre conversation d'alors.

GEORGES.

Ah! et quelle opinion avez-vous prise de moi?

STÉPHEN.

Mauvaise!

GEORGES.

Ah! je vous ai semblé...

STÉPHEN.

Un aventurier!

GEORGES.

Et maintenant votre opinion...

STÉPHEN, se levant.

Est exactement la même.

GEORGES.

Monsieur!... (Souriant.) vous êtes franc, docteur.

* Mailly, Stéphen, Diana, de Brives, Mauléon.
** Georges, Stéphen.

STÉPHEN.

Vous m'avez dit, si j'ai bonne mémoire, que votre patrie était partout, et que vous preniez dans les almanachs les noms qui vous plaisaient. Moi, j'estime assez les gens qui aiment la maison où ils sont nés, et qui portent le nom de leurs pères, si laid qu'il soit... Cela ne vous contrarie pas, monsieur Vernon que je vous parle avec cette franchise?

GEORGES.

Nullement.

STÉPHEN.

Vous vivez comme un duc, vous avez des chevaux, des voitures... vous êtes fort riche, et nul ne sait d'où vous vient cette fortune. Il y a à Paris beaucoup de ces existences inconnues. Moi, j'aime la vie au grand jour, et ceux qui vivent dans l'ombre ne sont pas mes gens.

GEORGES, après un silence.

Monsieur, je vis seul et comme il me plaît; je dépense ma fortune comme je l'entends, et je garde mes secrets pour moi. Ce que vous me dites-là ne m'étonne pas. Je sais que vous me détestez et qu'il n'est pas de mal que vous ne disiez de moi à madame de Rione. J'ignore en quoi j'ai pu vous déplaire... mais entre deux hommes qui ne s'aiment pas, le parti à prendre est bien simple. On charge deux amis d'arranger cette affaire là, qui se termine ordinairement à Vincennes ou dans un bois quelconque... à votre choix monsieur... (Il salue.)

STÉPHEN.

Un duel!

GEORGES.

Je sais que vous êtes brave et que, comme moi, vous faites bon marché de la vie, voilà pourquoi je vous propose de terminer ainsi une situation pénible pour chacun de nous. Vous êtes l'ami de madame de Rione; moi, je l'aime et lui fais la cour; nous sommes donc exposés à nous rencontrer souvent dans ses salons. Je vous propose le moyen de ne plus nous y rencontrer.

STÉPHEN.

Monsieur, ce n'est pas un duel que je veux en ce moment... et pourtant je vous déclare la guerre.

GEORGES, souriant.

A votre aise, monsieur...

STÉPHEN.

Et ce n'est pas une guerre franche que je vous propose... vous avez des armes... que je ne connais pas... je prendrai les miennes où je pourrai. Tous les moyens me seront bons, je vous en avertis, pour savoir qui vous êtes, pour connaitre

votre but. Je vous ferai une guerre de broussailles, une
guerre déloyale. Vous êtes prévenu, c'est à vous de vous
tenir sur vos gardes. Si je ne me suis pas trompé, nous nous
battrons, et alors, ou je vous tuerai (et je ferai bien), ou vous
me tuerez et tout sera dit. Si je me suis trompé, et que vous
soyez digne de madame de Rione, alors, monsieur, je vous
dirai : « Une femme était seule au monde, exposée à tous
» ses dangers qu'elle avait bravés, et à ses séductions dont
» elle avait ri longtemps. Je me suis fait l'ami de cette
» femme, je l'ai protégée, mais le péril était imaginaire,
» vous êtes un homme loyal, j'ai eu tort de vous soupçonner,
» Je vous demande pardon. » Voilà ce que je vous dirai,
monsieur, si je me suis trompé!

GEORGES.

Et vous vous trompez, assurément... mais la comtesse me
doit une valse... permettez-moi de vous quitter, monsieur.

STÉPHEN.

Ainsi c'est convenu : la guerre.

GEORGES, souriant.

La guerre, soit!

STÉPHEN.

Par tous les moyens.

GEORGES.

Par tous les moyens.

STÉPHEN.

C'est tout ce que j'avais à vous dire, monsieur. Amis plus
tard, peut-être, mais à présent...

GEORGES, s'inclinant.

Ennemis!

(Les deux hommes se saluent. — Georges sort.)

SCÈNE XI.

STÉPHEN seul, puis PIERRE.

STÉPHEN.

Ah! la guerre est ouverte, ma conscience est tranquille.
Je puis dresser mes piéges et commencer mes escarmouches.

(Pierre montre sa tête à la porte de gauche, troisième plan.)

PIERRE, de loin.

Monsieur Stéphen !

STÉPHEN, à part, avec joie. *

Pierre! allons donc! (Haut.) Tu as lu mon billet.

PIERRE, un peu ému.

Voilà le coffret. Ça m'a fait quelque chose de prendre ça...
que c'est donc bête... l'honnêteté! vous m'avez bien dit que
vous ne le garderiez qu'une heure?

* Stéphen, Pierre.

STÉPHEN.

Sois tranquille. (Lui donnant un billet de banque.) Prix convenu !
Tu commences à te former, Pierre.

PIERRE.

Dam !... je fais ce que je peux.

STÉPHEN.

Va-t'en.

(Pierre sort.)

SCÈNE XII.

STÉPHEN, seul, il sonne, Antoine entre.

Priez madame de Rione, de m'accorder une minute d'en-
tretien... Je l'attends ici. Allez. (Antoine sort. Seul.) Ou Diana
aime cet homme, et il est indigne d'elle, puisqu'il la trompe ;
j'ai donc raison de le démasquer ; ou j'empêche qu'elle aime
jamais un aventurier. De toutes façons, je fais mon devoir !

SCÈNE XIII.

STÉPHEN, DIANA.

DIANA.

Vous m'avez fait demander docteur ?

STÉPHEN.

Oui... aimez-vous, monsieur Vernon ?

DIANA, riant.

Encore, mais c'est une monomanie. Adieu.

STÉPHEN, la retenant.

Diana, je vous en conjure, répondez-moi, l'aimez-vous ?

DIANA.

Mais vous le savez bien.

STÉPHEN.

Ah ! tant mieux !

DIANA.

Pourquoi tant mieux ?

STÉPHEN.

Parce que monsieur Vernon est indigne de vous et qu'il a
une maîtresse.

DIANA.

Vous dites que Georges... oh ! vous vous trompez Stéphen,
je vous jure que vous vous trompez.

STÉPHEN.

Il a une maîtresse... qu'il adore... puisqu'il pleure en regardant son portrait.

DIANA.

Quelle folie !

' Diana, Stéphen.

STÉPHEN.

Son portrait qui est là... là dans le coffret que vous voyez.
(Diana relève la tête, regarde fixement Stéphen et court au coffret.)

DIANA, d'une voix tremblante.

Stéphen, donnez-moi la clé.

STÉPHEN.

Je ne l'ai pas, il la porte toujours sur lui.

DIANA, souriant.

Ah!... (A Marie qui entre.) Apportez-moi toutes les petites clés
qui sont sur la cheminée... de ma chambre; vite... vite...
vite... mais allez donc!

STÉPHEN.

Quelle agitation !

DIANA, essayant de rire.

Moi!,.. vous savez bien que je suis curieuse... Je voudrais
savoir quelle est cette femme... pour en rire avec lui... voilà
tout. (Marie entre et lui remet les clés.) C'est bien... laissez-nous.
(Quand Marie est sortie, elle essaie toutes les clés d'une main tremblante.) Ah!
aucune ne va à cette serrure.
(Elle jette les clefs avec colère et essaie avec ses mains de forcer le
coffret.)

STÉPHEN.

Calmez-vous.

DIANA, d'une voix saccadée.

Stéphen, je suis une femme... mes mains sont faibles...
mais vous qui êtes un homme... vous avez la force... brisez
ce coffret... voulez-vous?

STÉPHEN, qui la regarde.

Mais qu'avez-vous donc ?

DIANA.

Moi... je ne sais pas... j'éprouve un sentiment étrange, inconnu... Ce coffret... me fait mal... j'ai comme une envie de
pleurer... et là... là... (elle met la main sur son cœur) mon cœur
bat, ah! je l'aime! je l'aime!

STÉPHEN.

Plus bas au nom du ciel.

DIANA.

Et que m'importe!... ah! j'ai la fièvre!.. la haine... que
j'ai pour cette femme... dont le portrait est là... c'est de la
jalousie, n'est-ce pas... oui!... oui je suis jalouse! il avait
donc raison quand il me disait que je l'aimerais un jour...
Georges... Georges... oui j'ai du bonheur à prononcer ce
nom... il a une maîtresse... une rivale!...
(Georges paraît à la porte du fond.)

STÉPHEN.

Monsieur Vernon!

DIANA.

Georges!... Ah!...

(Moment de silence.)

SCÈNE XIV.

DIANA, GEORGES, STÉPHEN.

GEORGES.

Mon dieu, que se passe-t-il?... vous êtes tremblante, comtesse?...

DIANA, devenant peu à peu maîtresse d'elle-même et souriant.

Moi!... oui, une lettre que je viens de recevoir... une nouvelle assez fâcheuse...

GEORGES.

Cette nouvelle est-elle donc un grand secret?

DIANA.

Mon Dieu non. Il faut que je parte pour la Havane... un procès que m'intente la famille de monsieur de Rione. (Regardant dans la glace) Ah! je suis émue comme s'il s'agissait d'un malheur. Je reviendrai dans un an.

GEORGES.

Vous partez?...

DIANA.

Oui... ah! c'est juste vous me faisiez la cour... Eh bien, oublions notre folle gageure.

GEORGES, vivement.

L'oublier! jamais!...

DIANA.

L'amour! ne jouons plus avec ce mot-là; croyez-moi, aimer! c'est donner sa vie, son nom, son honneur; c'est fouler aux pieds son avenir, c'est traverser les mers, c'est suivre, fût-ce au bout du monde, celle que l'on aime!... encore une fois, ne jouons plus avec ce mot.

GEORGES.

Diana! mais c'est ainsi que je vous aime, vous perdre! ah! c'est impossible! c'est impossible.

DIANA.

Partiriez-vous avec moi?

GEORGES.

Oui.

DIANA.

Vous partiriez?

GEORGES

Oui.

DIANA.

Sans un regret?

* Stéphen, Georges, Diana.

GEORGES.

Comme si c'était mon devoir de vous suivre, comme si j'en avais reçu la mission de Dieu.

DIANA.

Vous ne laisserez à Paris... aucun... souvenir.

GEORGES.

Aucun.

DIANA.

Ah! (elle jette un rapide regard sur le coffret) vous n'aimez pas une autre femme ?

GEORGES.

Moi?

DIANA.

Jurez-le-moi par votre mère.

GEORGES.

Ma mère.

DIANA.

Vous hésitez ?

GEORGES.

Non, je le jure.

DIANA.

Vous mentez! vous mentez! vous avez une maitresse.

GEORGES.

Moi!

DIANA.

Vous me disiez que vous n'aviez jamais aimé... ce mensonge était inutile... je n'ai pas le droit d'être jalouse... d'un passé... qui ne m'appartient pas... mais maintenant, vous entretenez une danseuse... une femme. que sais-je? moi!... et j'ai le droit de vous dire que c'est lâche à vous de mentir! Pourquoi m'avez-vous dit que vous m'aimiez? je vous ai cru, (avec effort) et je vous aime !

GEORGES.

Diana !

DIANA.

Oh! je puis parler devant Stéphen, il a tous mes secrets, il est mon ami, (lui serrant la main) n'est-ce pas Stéphen que vous êtes mon ami?

STÉPHEN.

Calmez-vous !

DIANA.

Mais je suis calme ; qu'avez-vous donc l'un et l'autre à me dire d'être calme, c'est vous qui êtes pâles et agités ; moi, je suis très-calme... Je parle à monsieur, doucement, froidement.

* Stéphen, Diana, Georges.

STÉPHEN.

Je vous en prie !

DIANA.

De quoi parlions-nous donc?... ah! d'une danseuse, je crois... dont le portrait est là, dans ce coffret... ah! vous pleurez devant le portrait de ces demoiselles... c'est très-poétique et très-amusant... (avec autorité) donnez-moi la clé?

GEORGES.

Mais...

DIANA.

Vous la portez toujours sur vous... je le sais...

GEORGES.

C'est vrai !

DIANA.

Ah! vous en convenez... Il en convient Stéphen.

GEORGES, lentement.

Je ne sais pourquoi j'ai voulu retarder ce moment le plus possible, mais il fallait qu'il arrivât. Comment ce coffre se trouve-t-il ici... c'est ce que maintenant il m'importe peu de savoir. (Il regarde Stéphen.) Mais vous êtes injuste envers moi, Diana. Je vous donne ma parole d'honneur que ce coffret ne renferme pas un portrait de femme.

GEORGES.*

Voici la clé. (Diana tend timidement la main.) Je vous la donnerai dans un instant.

DIANA, avec chagrin.

Ah !

GEORGES.

Diana! m'aimez-vous?

DIANA.

Oh! oui... je vous aime!

GEORGES.

Pourquoi cacher cet amour? en rougissez-vous donc?

DIANA, avec orgueil.

Moi?...

GEORGES.*

Vos amis sont là... Oserez-vous dire à tous : « Voilà l'homme que j'aime... Je vous présente mon mari.

* Diana, Georges, Stéphen.

SCÈNE XV.

LES MÊMES, DE BRIVES, DE MAILLY, MAULÉON, INVITÉS
DES DEUX SEXES.

DIANA, prenant Georges par la main.*

Mes amis!... je vous présente monsieur Georges Vernon
que j'aime et que j'épouse.

(Mouvement de surprise.)

GEORGES, froidement.

Bien. — Et maintenant, voici la clef.

(Diana le regarde.)

STÉPHEN, bas à Diana avec inquiétude.**

Je ne suis plus d'avis que vous ouvriez ce coffret... à quoi
bon maintenant?

DIANA, résolument.

Je veux savoir. (Elle approche la clef de la serrure, regarde encore
une fois Georges qui reste impassible les bras croisés; enfin elle ouvre et prend
le portrait. Poussant un cri.) Raymond de Bussières!

(Elle laisse tomber le portrait; grand mouvement général.)

GEORGES, à Stéphen.

Docteur, parmi tous mes noms, il en est un que j'ai oublié
de vous dire et qui est réellement le mien. Je m'appelle
René de Bussières, messieurs, je suis frère de Raymond de
Bussières qui s'est tué pour cette femme!

DIANA.

Ah!

(Elle tombe brisée sur le sopha, en couvrant son visage de ses mains.)

GEORGES.

Vous ne vous trompiez pas, monsieur de Brives... j'étais
bien l'adversaire de monsieur de Ferny... Mais ce que n'a
pu faire l'épée d'un bretteur, madame l'a fait avec ses sou-
rires et son regard.... Raymond, le pauvre enfant, croyait
à tout cela... et en mourant voici ce qu'il écrivait. (Lisant un
billet.) « Je meurs pour avoir aimé la comtesse de Rione. »
(Tirant de sa poche le poignard du premier acte.) Le reconnaissez-vous?
Il porte votre chiffre... je vous le rends... il peut encore
servir à d'autres!

(Il jette le poignard à ses pieds.)

STÉPHEN.

Monsieur...**

* De Brives, Mailly, Mauléon, Diana, Georges, Stéphen.
** Georges, Diana, Stéphen.
*** Georges, Stéphen, Diana.

GEORGES.

Laissez-moi parler, monsieur, il y a six mois que j'attends cette minute... Dans un instant je serai à vos ordres...

DIANA, avec égarement.

Georges!... mais... c'est un rêve horrible, n'est-ce pas? Docteur, mes amis, j'ai le délire... (Voyant à terre le portrait et le poignard.) Non, tout est réel, tout est vrai, je suis perdue!

(Elle retombe assise.)

GEORGES, s'approchant de Diana.

C'est ainsi que je venge Raymond : « Je ne vous aime pas, » lui avez-vous dit; à votre tour, vous avez cru à cette comédie que je joue depuis six mois. A votre tour, vous aimez comme il vous aimait peut-être. Eh bien! moi... je ne vous aime pas!...

DIANA.

Georges !

GEORGES.

Je ne vous aime pas, adieu pour toujours.

STÉPHEN, bas à Georges.

A quelle heure mes amis pourront-ils se présenter chez vous ?

GEORGES.

Demain toute la journée... Après-demain il serait trop tard... je pars pour Naples.

(Il fait un mouvement pour sortir.)

DIANA.

Georges... ne pars pas... je t'aime... Grâce... grâce !...
(Elle tombe à genoux les mains tendues vers lui.)

GEORGES, montrant le portrait.

Jamais... C'est à Raymond qu'il faut demander grâce, madame, pour que Dieu vous pardonne un jour.

DIANA, ramassant le portrait, avec des sanglots.

Il part ! Ah! tu es vengé, Raymond, tu es vengé !

ACTE III.

Chez Stéphen. — Un petit salon, style sévère, une porte à gauche, premier plan, dans un pan coupé. — Portes latérales au troisième plan, portes au fond.

SCÈNE PREMIÈRE.

STÉPHEN, PIERRE.

STÉPHEN.

Ainsi, vous êtes arrivés hier ?

PIERRE.[*]

Oui, monsieur Stéphen. Nous en avons vu du pays, allez.
Monsieur Georges n'était pas plus tôt arrivé quelque part,
qu'il fallait repartir. On dit que l'Italie est un bon pays...
pour les moustiques, je ne dis pas, mais pour les voyageurs!
ah! non!

STÉPHEN sonne, un domestique paraît.

Donnez ce coffret à Antoine; il sait ce qu'il a à faire et à
dire. Allez...

(Le domestique sort.)

PIERRE.

Je peux dire que cette année-là m'a paru longue.

STÉPHEN.

Et ton maître était-il gai, insouciant comme toujours?

PIERRE.

Lui! ah bien ouiche! Il était avec moi d'une humeur de
dogue... quand il me voyait, car il était constamment seul,
se promenant d'un air sombre sur les bords de la mer...
Du reste, monsieur, la mer ça pousse à la mélancolie, car
moi-même, quand j'étais sur la plage, je pensais au pays, à
mes montagnes, à mes chansons, à nos chèvres (soupirant),
et à la Thérèse Miqueux.

STÉPHEN.

Ah!

PIERRE, avec tristesse.

Vous savez... ma bonne amie... j'y pense toujours quand
j'ai du chagrin... J'ai peut-être eu tort de ne pas l'épouser...
Elle a un enfant, à ce qu'on m'a dit... Ah! il me revenait,
ce mioche-là... je me suis sevré des joies de la famille!
Enfin...

(Antoine entrant lui remet une carte.)

STÉPHEN, après avoir lu, à Antoine.[**]

Attendez un instant. (A Pierre, après avoir ouvert la porte de droite,
premier plan.) Sors par ici...

PIERRE, d'un ton lugubre.

Au revoir, monsieur Stéphen.

STÉPHEN, lui frappant sur l'épaule.

Au revoir, mon garçon.

PIERRE.

Si encore la Thérèse devenait veuve... Mais tant que son
mari vivra, il ne faut pas y penser.

STÉPHEN.

Allons, adieu.

* Pierre, Stéphen.
** Stéphen, Pierre.

PIERRE, du même ton lugubre.

Au revoir, monsieur Stéphen.

(Il soupire et sort.)

STÉPHEN, au domestique.

Faites entrer M. de Bussières.

(Le domestique fait un signe, Georges paraît à la porte à droite.)

SCÈNE II.

GEORGES, STÉPHEN.

(Ils se saluent gravement, Stéphen pousse deux fauteuils au milieu du théâtre et s'assied après avoir prié Georges de s'asseoir.)

GEORGES.

J'ai reçu votre lettre ce matin, monsieur. (Tirant sa montre.) Neuf heures! Vous voyez que je suis exact au rendez-vous que vous m'avez demandé.

STÉPHEN.

Ma lettre vous a étonné, n'est-il pas vrai?

GEORGES.

Je l'avoue... Il me semblait que nous devions nous revoir autrement. Il y a un an, j'ai attendu vos témoins... Ils ne se sont pas présentés chez moi, je suis parti.

STÉPHEN.

Vous verrez tout à l'heure que je ne devais pas, que je ne pouvais pas me battre avec vous. Et, dans vos voyages, monsieur de Bussières, avez-vous pensé quelquefois à madame de Rione? Vous êtes-vous repenti?

GEORGES, amèrement.

Me repentir! j'ai fait mon devoir, monsieur.

STÉPHEN.

Alors, avez-vous pardonné?

GEORGES, après un silence.

Non, si vous étiez à ma place, monsieur, vous ne pardonneriez pas.

STÉPHEN.

Moi!... monsieur de Bussières, j'ai peu vécu, il est vrai, mais je regarde vivre les autres. Chaque année qui passe sur ma tête m'apporte cette vertu des vieillards, — l'indulgence. Vous deviez haïr celle qui est la cause, peut-être involontaire, de la mort de Raymond. (Mouvement de Georges.) Je comprends votre douleur, mais elle s'est vengée; vous avez perdu madame de Rione, vous avez fermé devant elle les portes du monde; n'êtes-vous pas quittes? — Ah! monsieur Georges, chaque homme a ses luttes, chaque homme a ses ennemis. Moi aussi, j'ai eu les miens... Un jour, la calomnie

Stéphen, Georges.

s'est dressée sur ma route; je me suis vengé, mais le duel fini, ma vengeance satisfaite, non-seulement j'ai pardonné comme chrétien, mais j'étais médecin, et j'étanchai moi-même le sang que mon honneur calomnié avait fait couler. Le premier mot que ma mère m'a fait épeler dans les livres saints est le mot : pardon. Et comme on n'oublie jamais les premières leçons de sa mère, j'ai médité ce mot sublime.... Dieu a pardonné, monsieur de Bussières, et la créature n'a pas le droit d'être plus sans pitié que le créateur.

GEORGES, après un silence.

Madame de Rione! Je l'avoue, monsieur, son nom s'est offert souvent à ma pensée; mais il réveillait le souvenir de mon frère, et le pardon expirait sur mes lèvres et dans mon cœur.

STÉPHEN.

Et si madame de Rione était morte!

GEORGES, se levant.

Morte! Diana est morte!

STÉPHEN.

Asseyez-vous donc monsieur de Bussières, je vous en prie. (Georges se rassied.) La comtesse existe! les uns disent qu'elle s'est retirée dans un couvent; d'autres prétendent qu'elle a pris un amant et qu'elle voyage. Toutes ces versions sont fausses. Elle est à Paris... mais il fallait la cacher au monde, car le monde qui pardonne les fautes, ne pardonne pas le le scandale. C'est chez moi que madame de Rione a trouvé un refuge contre l'isolement, contre le désert qui allait se faire autour d'elle; contre le mépris du monde. (se levant.) Depuis un an, madame de Rione est ici, voulez-vous la voir?

GEORGES, se levant aussi.

Moi! et que voulez-vous que je lui dise, monsieur; ma vengeance a été cruelle.

STÉPHEN.

Oui... plus que vous ne pensez.

GEORGES.

Je l'ai perdue devant tous; je lui ai jeté au visage son secret et le mien... Mais madame de Rione existe; elle ne va plus dans les bals, dans les fêtes, elle n'a plus sa loge aux Italiens, mais elle existe! Elle n'a plus autour d'elle cet essaim d'oisifs et d'adorateurs, mais elle existe! Ah! monsieur Stéphen, dans mes voyages, oui, une pensée a traversé mon esprit, en éveillant en moi le remords; il me sembla que madame de Rione ne pouvait vivre flétrie, qu'elle était morte. Alors j'ai reculé devant ma vengeance, devant cette tombe que je croyais avoir fermée sur une femme, mais elle existe, ne regrettant sans doute que ses bouquets perdus, que ses toilettes de bal devenues inutiles! Cette femme a pu vivre déshonorée. Monsieur Stéphen, avouez que mon pardon est inutile à la comtesse Diana de Rione.

DIANA, pâle, en désordre, le regard fixe, paraissant sur le seuil de la porte de gauche.

Qui m'appelle?

GEORGES, étonné.

Diana!...

LES MÊMES, DIANA [*].

DIANA s'avance lentement et dans une sorte d'extase. L'orchestre joue en sourdine le motif de la petite chanson du premier acte. Avec égarement.

Comtesse Diana de Rione, vous m'avez dit tout à l'heure... que... si vous vouliez... je vous aimerais d'amour... Oui, j'accepte le défi. Mais je pars... il fait froid... Eh bien! j'irai à Paris... — A Paris, soit! que m'importe puisque je n'ai pas de cœur.

GEORGES.

Comme elle est pâle!

STÉPHEN.

Oui!... elle est folle.

GEORGES.

Folle!...

STÉPHEN.

Vous aviez raison, monsieur, les adorateurs ont disparu... Il ne lui est resté que mon amitié, qui ne l'abandonnera jamais... Vous aviez raison, elle n'a plus de loge aux Italiens, ses bouquets sont perdus, ses toilettes de bal sont devenues inutiles.

GEORGES.

Oh! mon Dieu! qu'ai-je fait?

STÉPHEN, très-simplement, montrant Diana.

Voilà pourquoi je ne me suis pas battu, monsieur; vous auriez pu me tuer, et ma vie était utile à quelqu'un.

GEORGES.

Oh! docteur!

DIANA, avec joie.

Il va venir... il m'a écrit qu'il viendrait... Oui, le voilà... c'est vous, Georges!... mettez votre main là... sur mon cœur... le sentez-vous battre?... Ah! c'est qu'il t'attendait pour s'éveiller, c'est que personne ne m'avait parlé, comme tu me parles... Je t'aime!

STÉPHEN, près de Georges.[**]

Vous le voyez, monsieur de Bussières, elle ne vous accuse

* Diana, Stéphen, Georges.
** Diana, Georges, Stéphen.

pas... ce n'est pas son honneur perdu qu'elle pleure... c'est la perte de votre amour.

GEORGES *.

Diana!

DIANA, allant à lui.

Qui m'appelle? qui êtes vous? M'apportez-vous de ses nouvelles?... Car il est parti! il est à Naples... Je l'ai fait suivre... mais il était à Florence, à Rome, que sais-je! Dites-lui que je l'aime! il m'a flétrie, il m'a perdue, que m'importe à moi! Je l'aime!

GEORGES.

Diana! c'est moi! me voilà... Je suis Georges...

(Diana le regarde, elle le repousse.)

STÉPHEN.

C'est inutile... Elle ne vous reconnaîtra pas...

GEORGES.

Oh!

DIANA.

Quand il est parti, il m'a ordonné de demander grâce à Raymond... Dites-lui bien que tous les jours je prie devant son portrait. (Elle tire le portrait de son sein.) Tenez le voilà.

GEORGES.

Diana!

DIANA, se retirant vivement.

C'est l'heure de ma prière, laissez-moi prier. (Elle place le portrait sur le fauteuil et s'agenouille devant. Lentement, les mains jointes.) Raymond, j'ai été bien coupable; mais les hommes qui m'entouraient et qui ne m'aimaient pas m'avaient dit souvent: « Je me tuerai, » et ils vivaient. Toi, pauvre enfant, tu t'es tenu parole!... Et j'ai ri... j'ai ri de ton pauvre cœur que tu allais frapper... Je suis coupable, Raymond... pardonne-moi, pour que Georges me pardonne. (Avec un cri.) Ah! ce portrait... il s'anime... ses yeux semblent sourire... sa bouche s'entrouvre... Il m'a pardonné, Raymond m'a pardonné... pardonne-moi Georges, pardonne-moi.

STÉPHEN à Georges, lui prenant la main

Serez-vous plus inexorable que votre frère? vous eussiez fait sa grâce à sa tombe, m'avez-vous dit; mais regardez-la, monsieur, elle est bien morte; au lieu de tuer sa vie, vous avez tué sa raison.

GEORGES, avec désespoir.

Docteur, sauvez-là! au prix de ma fortune, de ma vie!

STÉPHEN.

La sauver!... moi!... oh! la science est impuissante.

(Dix heures sonnent à la pendule.)

* Diana, Stéphen, Georges.

DIANA, écoutant.

Dix heures!... dix heures!... il va venir... Je donne un bal, une fête... (Elle s'arrête devant la glace et arrange ses cheveux.) Oh! cette coiffure me va mal. Je veux qu'il me trouve jolie!.. Je veux qu'il soit jaloux, je veux être belle!

(Elle se coiffe devant sa glace.)

STÉPHEN, la montrant à Georges.

Là, monsieur, est peut-être l'unique chance de salut!..

GEORGES, avec anxiété.

Que dites-vous?

STÉPHEN.

Tous les soirs à dix heures, elle se croit à ce bal. Elle parle à ses amis, elle retrouve un éclair de raison... puis elle prend le portrait de Raymond, et alors sa folie redouble... elle est perdue!... Me donnez-vous le droit d'agir? Croyez-vous qu'elle soit assez punie et qu'elle ait assez souffert? Lui pardonnerez-vous?

GEORGES.

C'est moi, docteur, qui suis indigne de pardon.

STÉPHEN.

Allons!

(Il ouvre la porte du fond. — On voit le second salon brillamment
(éclairé comme au deuxième acte.)

DIANA.

Ah! voilà mes invités... Bonjour de Brives. Ah! c'est vous de Mailly... (L'orchestre exécute très-piano la valse du deuxième acte.) Cette valse!... Elle est jolie cette valse. (A Stéphen.) Bonjour, mon ami. (Elle salue à droite et à gauche, et s'arrête devant Georges.) Monsieur, je vous remercie d'être venu à ma soirée, c'est monsieur de Brives qui vous présente; mais tous les amis de monsieur de Brives sont les biens reçus!... (Fronçant le sourcil.) Stéphen! Stéphen! (Stéphen approche.) Que me disiez-vous donc tout à l'heure! Que Georges était épris d'une danseuse. Elle est donc bien belle cette femme; je voudrais la voir...

ANTOINE, entrant.

Ce coffret pour madame la comtesse.

(Il le dépose sur la table.)

GEORGES.

Docteur!

DIANA.

Cette cassette!... je la reconnais... (Avec agitation.) Je ne veux pas l'ouvrir... je ne l'ouvrirai pas. (Regardant le coffret avec horreur.) Ce n'est pas le portrait d'une femme que je trouverai là... c'est le portrait...

STÉPHEN.

Diana !

DIANA.

C'est le portrait de Raymond que j'ai tué.

STÉPHEN.

Diana, ouvrez ce coffret.

DIANA.

Non...

STÉPHEN.

Je vous en prie...

DIANA.

Non...

STÉPHEN, avec anxiété.

Je le veux !

DIANA regarde le docteur, baisse les yeux sous son geste, et va lentement au coffret. (Timidement.)

Je n'ai pas la clef... vous savez bien que Georges la porte toujours sur lui.

GEORGES, la lui donnant.

La voici ! (Diana prend la clef, ouvre le coffret, et prend un portrait d'une main tremblante.) Regardez ! (Diana abaisse lentement son regard sur le portrait l'examine attentivement. Soudain, sa physionomie s'éclaire et elle s'écrie.) Georges !...

STÉPHEN.

Oui, Georges qui vous aime !... il est ici !...

DIANA.

Il est ici... je ne le vois pas... (Stéphen, qui était devant elle, remonte un peu. Arrivée devant Georges, elle s'arrête et le regarde fixement. Elle passe la main sur ses yeux qui s'animent peu à peu, sa lèvre devient tremblante, et elle s'écrie avec des sanglots en se jetant dans ses bras. Georges! Georges!

GEORGES.

Diana !

DIANA.

Georges, c'est toi !

GEORGES.

Oui, moi qui t'aime.

DIANA, secouant la tête.

C'est impossible !... Où suis-je ! que s'est-il passé ! Est-ce vrai tout cela ? Ma douleur est-elle un mauvais rêve ! mon bonheur est-il une vérité ? (Elle aperçoit Stéphen, lui tendant la main.) Stéphen, mon ami, mon frère !..

* Georges, Stéphen, Diana.

STÉPHEN, avec émotion.

Oui... votre ami. Eh bien! avais-je raison de vous dire qu'un jour...

DIANA.

Oui, je blasphémais, Stéphen, je blasphémais. Ne pas croire à l'amour, c'est nier Dieu!

(Elle tend la main à Georges.)

Georges. Diana, Stéphen.

FIN.

Paris.—Typ. Morris et Comp., rue Amelot, 64.

www.ingramcontent.com/pod-product-compliance
Ingram Content Group UK Ltd.
Pitfield, Milton Keynes, MK11 3LW, UK
UKHW031800170726
13836UKWH00003B/1098